DU COMMUNISME.

DE LA DÉCENTRALISATION INTELLECTUELLE

ET DE LA RÉFORME MÉDICALE.

LETTRE AU Dr GUARDIA

Par le Dr E. BERTULUS (de Marseille.)

Du mal que l'on fait,
S'il le peut prévenir, tout homme est responsable,
Et je le crois non moins coupable
Que le méchant qui le commet.

Extrait du *Marseille Médical.*

Paris sera-t-il bientôt délivré de la nouvelle jacquerie, de ses brigandages, de la terreur qu'elle a intronisée, et pourrons-nous désormais, mon cher ami, reprendre sans nouvelle interruption notre commerce épistolaire, nos conversations philosophiques?

Ici tout est redevenu calme, un seul jour a suffi à la lutte ; nos places et nos rues ont repris leur physionomie normale et la confiance commence à renaître un peu.

C'est qu'après un vigoureux coup porté à la révolte, l'état de siége a été proclamé par un homme énergique, résolu, et que les bourgeois, de même que les travailleurs honnêtes, se préoccupent fort peu de ce régime insolite; fatigués de vivre au jour le jour, sans lendemain, ils regardent d'un œil fort indifférent les mesures que prend l'autorité militaire contre les *fainéants*, les *absintheurs*, les *ribauds*, les *truands*, les *repris de justice* et autres gens de même farine qui voudraient diriger nos destinées.....

1871

Le souvenir du danger que nous venons de courir et a possibilité d'une nouvelle surprise de la part de ces mécréants nous engagent à ne pas protester contre la bonne et loyale odeur de caserne qui remplit Marseille depuis le 4 de ce mois. Nous nous en accommodons, au contraire, à merveille, à peu près comme *Sixte Quint* s'accommodait de celle des cadavres des malfaiteurs et des bandits qu'il affectait de laisser pourrir à leur aise sur les gibets de la ville éternelle, prétendant que leurs émanations devaient plaire à tous *les nez honnêtes.*

Certes, je suis loin de considérer la société moderne comme l'idéal de la perfection, mais, si vicieuse qu'elle soit, ne mérite-t-elle pas d'être respectée comme le produit du long et pénible enfantement des siècles. D'ailleurs, avec les principes, les mœurs, les aspirations des communistes parisiens pourraient-ils mettre à sa place quelque chose de bon et ne pas fonder tout simplement le chaos des mauvaises passions, de la crasse ignorance et de l'aveugle barbarie ?

Consultons l'histoire sur ce point et voyons ce qu'elle pourra nous répondre, car le communisme n'est pas nouveau :

Au XVIᵉ siècle, les Rustauds, ou Jacques de l'Allemagne, de l'Alsace et de la Lorraine etc., poussés, dit-on, par le fanatisme, tentèrent, au nom de Dieu (notez je vous prie ce fait), de Jésus-Christ, des apôtres et de l'évangile, un essai de société communiste ; établissant en principe que les impôts, les dettes, les loyers, les redevances féodales, etc., etc., devaient être supprimés, ils proclamèrent l'abolition absolue de tout droit de propriété, de toute jurisprudence, et finirent par se ruer sur les personnes et les choses. Une guerre atroce s'alluma, les églises, les couvents, les châteaux, des villages, au nombre de plus de mille, furent pillés, saccagés, réduits en cendres. Des milliers de prêtres, de gentilshommes, de propriétaires furent massacrés par les insurgés ; plus de cent mille de ceux-ci payèrent leur révolte de leur vie, puis, de guerre lasse, tout rentra dans l'état normal, et la vieille société de Dieu se retrouva sur ses bases naturelles, au milieu de l'épouvante, de la misère et de la désolation, attendant son perfectionnement, comme par le passé, de la seule loi du progrès.

Quelques années plus tard, le pillage, l'assassinat, la plus honteuse débauche, en un mot, toutes les orgies de l'immoralité, signalèrent, dans la ville de Munster, le règne du fameux prophète

Jean Bockelson, autrement dit *Jean de Leyde*, dont la charte consti-tutionnelle proclamait, au nom de l'évangile : *que tous les biens doivent être mis en commun et que l'obéissance aux lois, aux magis-trats, n'est pas absolument de rigueur.* On sait comment finit la tragi-comédie que les anabaptistes jouèrent pendant plusieurs années (de 1532 à 1536) dans cette malheureuse ville. Elle fut assiégée, prise après une longue résistance, Jean et ses complices furent jugés, exécutés, et tout fut rétabli dans l'ancien état.

Enfin, les résultats absolument négatifs, quoique bien moins effrayants et surtout moins célèbres, obtenus à notre époque en Angleterre·et en Icarie par les communistes Cabet et Owen, ont achevé de mettre en lumière ce fait : que la société humaine, tout imparfaite qu'elle est, a des bases immuables auxquelles on ne peut toucher sans amener un cataclysme absolu, et que ces bases sont : Dieu, la morale dont il est la source, la famille, la propriété, l'hérédité, l'inégalité des conditions, etc., en un mot, tous les principes dont le communisme veut faire table rase, afin de convertir le monde en un vaste lupanar ou d'en faire une vraie caverne de brigands.

Je pourrais vous raconter quelques curieuses anecdotes sur l'Icarie; mais il me suffira de vous dire, mon cher ami, qu'un honnête confrère de ma connaissance, qui avait voulu essayer de ce *pays de cocagne* et y avait apporté sa modeste fortune, s'es-tima bientôt trop heureux de pouvoir en sortir les mains vides, pour devenir simple décrotteur à la Nouvelle-Orléans; ayant pu réaliser quelques économies au moyen de cette honorable position sociale, il se remit à pratiquer la médecine et put enfin se re-trouver, comme on dit vulgairement, sur ses jambes : *ab uno disce omnes.*

Une chose me frappe avant toutes les autres dans ces diverses exhibitions du communisme, c'est la similitude, l'identité des ré-sultats, bien que les points de départ ne soient pas toujours les mêmes.

Les rustauds du xvi° siècle, les anabaptistes de Munster, scé-lérats fanatiques et hypocrites, procèdent au nom de Dieu, invo-quent Jésus-Christ et les apôtres, tandis que les gens de la commune de Paris sont des athées dans la plus mauvaise accep-tion du mot; pourtant leurs actes sont les mêmes, les uns et les autres font voir la corde de la même façon, se déshonorent par les mêmes excès.

En cherchant la raison de ces conséquences, en quelque sorte stéréotypées, du communisme, qu'il procède de l'exagération de l'idée religieuse ou de son absence absolue, je ne peux la trouver que dans l'immoralité qui est son élément essentiel ; que peut-on fonder avec elle sinon le règne de la force brutale, de l'intolérance, la civilisation des gorilles, des tigres ou des lions, en un mot un état de choses que repoussent tous les instincts naturels de l'espèce humaine.

Le sens moral nous crie sans cesse en effet : respecte la vie et les biens de ton semblable, travaille, conserve au lieu de détruire, accepte surtout avec résignation l'inégalité des conditions sociales, parce qu'elle découle de la nature des besoins de l'humanité et que la société, d'ailleurs, ne saurait exister sans elle. Mais le communisme fait table rase de tous ces principes et veut nous ramener à l'état sauvage, à la barbarie, par l'intronisation du caïnisme, de l'iscariotisme, d'une égalité qui n'est, comme on l'a dit souvent, que celle de la misère.

Que les esprits sérieux et honnêtes qui se feraient encore illusion sur l'immoralité congénitale du communisme, par ce seul motif que ses principes furent professés jadis par des hommes tels que Platon, Thomas Morus, Fénélon, etc., que ces esprits, dis-je, le considèrent de plus près dans la pratique, et ils ne tarderont pas à le condamner *comme relaps en matière de dissolution sociale*.

La société fondée au Paraguay, sous le nom de *Missions*, ne put résister elle-même à cette action dissolvante. Couverte du surtout religieux, elle était au fond très-vicieuse (l'histoire nous le démontre), parce que les jésuites avaient cru devoir (sans doute avec les meilleures intentions du monde) toucher aux éternels principes de la famille, de la liberté, de la propriété. Ils avaient pris pour type de leur organisation sociale la *communauté religieuse,* telle que nous la voyons fonctionner dans les couvents ; mais ce qui peut être excellent dans la pratique, sur une petite échelle, perd souvent tous ses avantages et révèle même les plus graves inconvénients lorsqu'on veut l'appliquer à un peuple, à une nation tout entière.

Oui, c'est un fait incontestable qu'il faut sans cesse remettre en évidence, on ne peut changer les bases de la société humaine ni même les modifier au-delà d'une certaine mesure, sans porter une atteinte profonde au sens moral, à cette lumière divine dont sont privés tous les animaux, ceux-là même qui vivent en société. Le communisme et la morale sont deux choses qui s'excluent mutuellement, Dieu l'a ainsi décidé. Une confusion funeste entre le bien et le mal, entre le juste et l'injuste, des obstacles insurmontables au développement du génie humain par la liberté, l'émulation, l'amour de la gloire, l'ambition de posséder, etc.,etc., le régime de la caserne pour tout le monde, la destruction de la famille, source de tant de jouissances ineffables, enfin les mœurs des lupanars, tels seraient les résultats fatals du communisme s'il pouvait être appliqué. Avec lui, il n'y aurait plus, en définitive, ni raison, ni conscience, ni liberté, et la société humaine rétrograderait vers la barbarie.

De cette entrée en matière ne concluez pas, s'il vous plaît, mon cher ami, que je vienne faire avec vous de la politique, Dieu m'en préserve! je l'ai toujours détestée, préférant de beaucoup me tenir dans les voies plus larges de la science. Je viens tout simplement répondre à la lettre que vous m'avez adressée dans la *Gazette médicale* du 14 février dernier, et à la proposition que vous m'y faites de conspirer avec vous, à ciel ouvert, *coram populo*, pour la régénération de la médecine française. J'accepte votre offre de grand cœur, non seulement dans l'intérêt de notre profession chérie, mais aussi pour l'amour de vous, sans me dissimuler toutefois qu'en le faisant, je m'associe à une grosse affaire toute hérissée de difficultés; mais peut-être ne sommes-nous pas destinés à l'entreprendre seuls, peut-être méditez-vous *ad hoc* la fondation d'une société en commandite en vous rappelant le fameux *vœ soli!* Quant au caractère public de notre association, ce n'est pas moi qui pourrais le décliner, car depuis que j'habite la terre (n'oubliez pas, je vous prie, que je suis ancien marin) je n'ai jamais cessé de penser tout haut au grand désespoir de certaines gens.

Vous avez, hélas! mille fois raison, la médecine contemporaine est tombée bien bas et ses malheurs résultent, ainsi que vous le dites, des méfaits d'une génération avilie par son égoïsme, dégradée par son ignorance et sa lâcheté. Mais quelles sont les causes qui ont pu gangréner si profondément le corps médical? les mêmes qui ont perdu la société française au physique, au moral et assuré les victoires des Prussiens; en principe, elles se réduisent encore à ces trois chefs : *athéisme, matérialisme, immoralité.*

Réfléchissez bien, cher ami, creusez-vous la cervelle, comme on dit, et vous ne trouverez pas, j'ose l'affirmer, une meilleure explication de la décadence déplorable de notre profession. Avec les principes et les doctrines qui sont en honneur dans nos écoles, et plus particulièrement dans celle de Paris, il ne saurait y avoir en médecine, pas plus qu'en politique, ni vertu, ni justice, ni vérité, et la science médicale manquant à son but providentiel, loin de contribuer au bien de l'humanité, devient le complément étrange de tous les maux qui l'affligent dans notre siècle.

Dans votre lettre, si remarquable par la profondeur de la pensée et par la concision du style (je ne connais personne qui possède mieux que vous cette rare et difficile qualité), vous n'avez pas cru devoir remonter jusqu'à cette causalité première de notre dégénération, mais vous l'admettez comme moi sans restriction, puisque dans votre notice nécrologique sur FALRET, votre ancien maître, vous dites à un certain endroit : « *Nous périssons faute d'énergie, de mœurs.* » Or, l'énergie, la foi, les mœurs sont des attributs psychologiques dont l'origine (nous en avons le sentiment intérieur qui équivaut à l'évidence) ne peut être que divine et nous ne saurions raisonnablement les regarder comme les produits immédiats de la matière cérébrale, ainsi que le professent les positivistes, les chimiâtres, les micrographes et les vivisecteurs.

Comment un esprit aussi philosophique, aussi élevé que le vôtre pourrait-il admettre, en effet, que cette matière cérébrale que composent tant de parties d'eau, d'oléine, de cholestérine, de carbonate et de phosphate de chaux et de soude, est la cause productrice d'une pensée, d'un sentiment, d'un souvenir, alors surtout que nous ne pouvons pas même concevoir le mécanisme du cerveau comme simple instrument servant à la fois à la matérialisation des actes intellectuels et moraux d'une part, et de l'autre, à la spiritualisation des impressions physiques ?

Et puis (présentons toujours cette redoutable objection aux positivistes) à quelle lésion matérielle faut-il attribuer la perte subite de la raison par l'effet d'une émotion subite et violente, alors que la pulpe cérébrale, en cas de mort, se présente à l'état d'intégrité, et que les plus puissants microscopes eux-mêmes n'y peuvent rien découvrir d'anormal. Pendant les huit terribles mois qui viennent de s'écouler, les affections morales sidérantes ont été très fréquentes, car la douleur a régné parmi nous en souveraine dans tous les rangs de la société, et leur étude pratique, dont je me propose de rendre compte au monde médical, dès que nous serons plus tranquilles, n'a fait que confirmer les données que je possédais sur elles depuis longtemps.

Je proclame donc avec plus de conviction que jamais ce grand principe que l'homme est à la fois esprit et matière, et que toute doctrine médicale qui ne s'appuie pas sur cette base, qui ne s'en souvient pas dans ses recherches, dans ses appréciations, est fausse et absurde.

Un sang généreux coule dans nos veines, mon cher Guardia, et je vous crois capable de tous les courages, de tous les sacrifices, vous l'avez prouvé irréfragablement dans votre démêlé avec l'Académie de médecine, permettez-moi de regretter pourtant que, dans cette même notice sur Falret, dont je parlais tout à l'heure et dont la lecture m'a captivé, vous vous soyez laissé aller *en public* à un sentiment que je condamne. Il est de ces choses, en effet, qu'on peut penser, comme dit Beaumarchais, mais qu'il faut éviter, autant que possible, de dire quand on est en évidence comme vous. Vous tenez en main une plume éloquente, acérée, redoutable qui, le cas échéant, peut devenir le glaive de salut de la médecine; vous devez donc vous garder avec le plus grand soin de tout découragement ostensible.— Que peut devenir un vaisseau compromis par la tempête si le pilote, se laissant influencer par le danger, désespère du salut commun?

« Heureux (dites-vous dans l'écrit en question) ceux qui partent pour le voyage sans retour, la mort leur a été clémente. Quel est celui d'entre nous qui voudrait aujourd'hui ressusciter ses morts? qui ne souhaiterait plutôt d'être avec eux ou comme eux, quel attrait peut avoir une vie sans honneur et sans espérance. »

Non, mon ami! ne souhaitons point de partir, quand nous pouvons faire encore quelque bien autour de nous, c'est au contraire le moment de chercher à vivre le plus longtemps possible sain de corps et d'esprit, afin de lutter impitoyablement contre ceux que vous appelez pittoresquement *les coquins* (1), et de con-

(1) Labruyère range sous cette dénomination les hommes à qui les choses les plus honteuses ne coûtent rien à dire ou à faire, qui jouent tous les rôles sans vergogne, aujourd'hui royalistes ou impérialistes, demain républicains ou socialistes, qui ne reculent devant aucune bassesse pour avoir des places et obtenir des honneurs dont ils sont indignes.

tribuer dans la ligne de nos moyens à la régénération de l'art salutaire.

Certes ! ce n'est pas que cette aspiration vers la mort, terme naturel de tous les maux et de toutes déceptions, ne me soit familière comme à vous, mais admettant avec une conviction profonde, et qui m'est chère, la réalité des causes finales, bien que je ne sois qu'un simple déiste naturiste, je ne manque jamais de la repousser, en me disant à moi même, quand elle veut se faire jour : marche, marche toujours jusqu'au bout ! ta mission n'est pas encore accomplie, et tous les hommes de cœur en ont certainement une à remplir en ce monde pervers.

D'ailleurs, c'est pour s'être laisses aller trop facilement à la désespérance au *tœdium vitœ*, que des hommes éminents, des esprits d'élites à tous les points de vue, ont fini par le suicide. Naguère encore j'en ai vu ici un nouvel et déplorable exemple, dont je me réserve de vous donner les détails de vive yoix et sous le sceau du secret, ne pouvant absolument les consigner dans cette lettre, ils achèveront de vous démontrer la perfidie la perniciosité de certaines idées, la faiblesse de cette raison dont nous sommes à bon droit si fiers, et qui est plus fragile que le verre. Interrogez sur ce point le brave général Bourbaki, si vous le connaissez, et soyez convaincu, qu'il regrette vivement aujourd'hui de ne pas avoir réagi contre le désespoir.

Ainsi plus de défaillance, ni de découragement, relevez-vous au contraire avec une énergie fébrile au milieu de la pourriture médico-sociale dans laquelle nous sommes plongés ; saisissez votre fronde nationale tandis que je prendrai moi-même une solide *garcette* (1), et puisque vous paraissez le souhaiter, marchons ensemble vers le grand ennemi de l'humanité, qui est aussi, je viens de vous le faire remarquer, celui de notre chère médecine. Frappons à coups redoublés, stigmatisons impitoyablement le matérialisme, l'immoralité, les fausses doctrines, qui en émanent et que ni la crainte de l'ostracisme, ni celle de la ciguë ne nous arrêtent. *A vaincre sans péril, on triomphe sans gloire ;* alors même que nous péririons à la peine, nos efforts ne seront pas perdus pour la malheureuse génération médicale

(1) En termes de marine on appelle *garcette* une corde plate en forme de lanière, large d'environ trois travers de doigts et dont on se servait jadis pour la fustigation, qui a cessé de figurer dans le code pénal de la flotte.

qui nous suit, et que je crois fatalement voué à des misères bien plus lourdes encore que celles par lesquelles nous avons passé, ce qui n'est certes pas peu dire.

Toutefois, mon cher ami, nous ne saurions entamer la lutte avant que le gouvernement de la république tricolore, débarrassé de l'affreuse queue que lui légua 1793, n'ait pris quelques mesures indispensables et sans lesquelles nos efforts seraient absolument perdus. Je veux parler de l'affranchissement de l'enseignement supérieur, de la décentralisation intellectuelle et administrative et de l'émancipation provinciale qui doit en être la conséquence forcée.

Un système académique libéral, dans le genre de celui qui fut octroyé à l'Espagne, terre classique de l'indépendance et des *fueros*, pourrait seul mettre un terme à l'ilotisme dont nous souffrons en province depuis si longtemps et que chaque gouvernement s'est attaché, en quelque sorte, à rendre plus dur.

L'organisation académique de l'Espagne, est, en effet, des plus parfaites, en dépit de son étrange origine (1), parce qu'il y a été tenu grand compte des aspirations décentralisatrices du peuple espagnol et de l'indépendance dont a besoin avant tout le corps médical. Elle établit dans toutes les provinces de la péninsule *des académies* de médecine et de chirurgie égales en priviléges, en subventions, à celle de Madrid dont le seul avantage réel est de se décorer du vain titre d'académie centrale de médecine, de siéger près du gouvernement et d'avoir un peu plus son oreille.

Ces académies président, dans chaque province espagnole, à la discipline médicale, car aucune institution sociale ne saurait se conserver saine et vigoureuse sans magistrature ou prud'hommie sans législation pénale. Les écoles de médecine, les juntes sanitaires, celles de salubrité, de vaccination gratuite, de médecine légale, l'inspection des eaux minérales, en un mot tout ce qui de près ou de loin se rapporte à l'enseignement et à l'exercice de l'art salutaire relève de la même autorité académique laquelle est aussi chargée de pourvoir à tous les emplois, à toutes les positions médicales qui viennent à vaquer dans le ressort de la circonscription.

(1) Voyez pour les détails de cette organisation, qui date de Ferdinand VII : *Reglamento général para el regimen literario e intérior de las reales academias de medicina y cirugia del reino.* Madrid 1831.

Certains esprits prévenus ou inquiets, qui ne connaissent guère nos voisins d'outre-Pyrénées que par les récits fantaisistes des Alexandre Dumas et autres touristes français, trouveront étrange sans doute que j'ose offrir ici comme un modèle à suivre le système académique espagnol; mais qu'on n'oublic pas, qu'aucun peuple ne fut dans tous les temps plus jaloux de ses droits provinciaux, plus hostile au joug de la centralisation de cette hydre aux mille têtes, qui a si bien préparé les voies aux Prussiens, et par laquelle le communisme tente encore en ce moment de s'imposer. Ce fut pour la défense des *fueros*, des franchises municipales et provinciales, que le héros Juan de Padilla périt au 16ᵐᵉ siècle sur un échafaud, et nous avons pu apprendre à nos dépens en 1809, ce que savent faire les espagnols, lorsque leur amour de l'indépendance et leur patriotisme sont en jeu.

Quant à moi, mon cher ami, mes opinions sur cette matière sont généralement connues, et bien qu'on ne m'ait jamais fait l'honneur de me considèrer comme un véritable républicain, vu mon antipathie pour les clubs, et mon respect pour la hiérarchie sociale, j'ai protesté toute ma vie énergiquement contre l'asservissement administratif et intellectuel de la province française. L'un des plus chauds partisans des congrès scientifiques, que le pouvoir central ne voulut jamais encourager et qui sans lui ne pouvaient fructifier, je me suis mis en avant dans toutes les occasions pour la défense d'une cause sacrée à mes yeux, celle de toutes les décentralisations; et s'il m'a été donné de ramener les esprits prévenus ou égarés à l'endroit de nos institutions sanitaires, je n'ai dû, à coup sûr, ce résultat qu'à la haine profonde et obstinée que je nourris contre la centralisation parisienne.

Dans votre lettre, vous voulez bien me rappeler la servilité et l'égoïsme sans entrailles des ennemis de la santé publique que j'ai combattus pendant trente ans, qu'il me suffise de vous dire en deux mots, pour achever de vous la faire bien connaître, que l'auteur d'un ouvrage intitulé *La Civilisation et le Choléra*, en vint jusqu'à soutenir, dans son avant-propos, que le fléau indien est un bienfait pour l'humanité : « Si le choléra tue par accès dans nos rangs, disait-il, le commerce en tous temps a fait vivre l'universalité des hommes donc (remarquez bien je vous prie, la conclusion) *je soutiens avec d'éminents médecins qu'en-*

traver le commerce par les quarantaines, c'est compromettre la cause de l'humanité » (sic) (1).

Admettez un instant que la centralisation sanitaire n'eût pas existé à l'époque de cette étrange publication, qu'elle n'eût pas trouvé un appui solide chez des ministres livrés à la spéculation, au commerce, à l'industrie ; chez des médecins officiels repus d'emplois, d'honneurs, etc., et vous vous ferez une juste idée du *tolle* qu'aurait soulevé l'inqualifiable paradoxe dont je viens de rapporter exactement les termes. Le plus curieux de l'affaire, c'est que la peste bovine ayant éclaté alors chez nos voisins de Belgique, les mêmes hommes qui nous contestaient le droit de nous préserver du choléra par les quarantaines, se hâtèrent d'en faire décréter une dans l'intérêt de la conservation de notre capital bestial.

Tel est le déplorable ilotisme que nous créa pendant trop longtemps la centralisation parisienne et contre laquelle nous devons par suite réclamer avec énergie, en toute occasion. Si elle ne doit pas être absolument détruite, il faut au moins la ramener à des proportions plus équitables : poussée au-delà d'une certaine limite, elle tend à paralyser d'une façon à peu près complète l'essor de la province qui, heureusement pour la France, a su conserver dans ses veines un peu de bon sang. Du reste, elle a fait à Paris lui-même encore plus de mal que de bien, car elle n'y a guère produit que l'encombrement des médiocrités inquiètes et prétentieuses : celles des avocats sans cause, des médecins sans position et des artistes sans mérite, la pire des engeances ; elle n'est bonne, en effet, qu'à proclamer en toute occurrence la commune révolutionnaire, à diriger la construction des barricades, à provoquer enfin les fâcheuses atteintes contre les principes sociaux dont on se plaint de toutes parts en ce moment ; passe encore si ces héros des mauvais jours, si ces êtres pervers et déclassés montraient quelque courage dans le danger ; mais il n'en est rien, ils disparaissent au contraire, subitement, dès que leur tête est en jeu le moins du monde, laissant, comme on dit, dans la nasse, les malheureux pères de famille qu'ils ont trompés et égarés au moyen de phrases aussi creuses que sonores.

Je me résume, mon cher ami, afin de ne pas perdre de vue, au milieu des digressions, le but de cette lettre.

(1) *La Civilisation et le choléra*, Paris 1867.

Nous ne penserons définitivement à l'institution de notre grand congrès annuel que lorsque le gouvernement *de la république* (je souligne à dessein ce mot) nous aura donné des preuves palpables de ses sympathies et de ses bonnes intentions. Qu'il affranchisse l'enseignement supérieur, qu'il s'attache à décentraliser administrativement et scientifiquement, à restituer à la province tout le principe vital qui lui a été enlevé par Paris, et dès lors, ouvriers de la première heure, nous lui viendrons en aide dans son intérêt comme dans le nôtre, en mettant successivement à l'étude toutes les questions qui se rapportent à l'enseignement, à l'exercice, aux progrès et à la dignité de l'art de guérir, et dont la solution préalable deviendra nécessaire.

Jusque là (et j'estime, sous ce rapport, que vous serez du même avis que moi) nos efforts tomberaient littéralement dans le vide comme ceux du vénérable M. de Caumont, le fondateur, le propagateur des congrès scientifiques. Dans un pays comme le nôtre, qui pendant plus de soixante ans a souffert d'une excessive centralisation, il faut de toute nécessité, pour pouvoir s'affranchir, le concours d'un gouvernement éclairé, sincèrement libéral, je ne dis pas démocratique, parce que la valeur réelle de ce mot ne fut jamais bien comprise nulle part qu'aux Etats-Unis d'Amérique ; chez nous, il signifie, en effet, licence, négation de toute hiérarchie sociale, mépris de tous les droits, de toutes les aptitudes intellectuelles, confusion des capacités, que sais-je encore ? On se laisserait volontiers aller à admettre même que l'esprit démocratique donne la science infuse, si on ne s'en rapportait qu'à certains faits qui viennent de se passer tout récemment au milieu de nous.

Mais en attendant qu'un pouvoir républicain sage, bien intentionné, se soit révélé à la France, non par des paroles, mais par des actes, et nous ait présenté son programme, ne cessons pas d'agir sur l'opinion publique et sur le corps médical en remettant en lumière et en honneur, si nous le pouvons, les grands principes doctrinaux et déontologiques sur lesquels est fondé l'art salutaire, ne cachons jamais la vérité à personne, parce que la vérité c'est la justice, c'est le bonheur ; faisons une guerre acharnée à l'immoralité, sous quelque masque qu'elle se déguise ; flétrissons les mauvaises passions, spécialement la médisance, la calomnie dont se servent trop souvent parmi nous les indignes ; dénonçons toutes les coteries, toutes les charbonneries créées par le charlatanisme, l'amour du lucre, l'esprit de système pour l'exploitation de l'humanité souffrante ; prouvons enfin que nous sommes de véritables démocrates et les meilleurs amis du peuple en travaillant avec zèle et abnégation à l'organisation la plus sage et la plus avantageuse possible des sociétés de prévoyance et de secours mutuels qui, dans l'état actuel, sont aussi peu utiles aux malades qu'onéreuses pour les gens de l'art.

Parmi les devoirs nombreux qui incombent au médecin envers les masses populaires avec lesquelles il se trouve incessamment en contact, il en est un, le plus délicat et le plus important de tous peut-être, et que je rappellerai en terminant.

Ne soyons jamais auprès des ouvriers et des personnes illettrées les propagateurs de l'athéisme, de l'irréligion, du scepticisme, des utopies socialistes par lesquelles elles se laissent séduire trop souvent et que nous savons être absolument impraticables. La médecine, en effet, profession humanitaire dans toute l'acception du mot, n'a pas seulement pour mission de soulager et de guérir les maux physiques, il faut encore qu'elle console, qu'elle moralise, qu'elle éclaire, et à ce dernier point de vue elle a été considérée dans tous les temps comme un des meilleurs agents de socialisation et de civilisation.

Frédéric le Grand disait un jour que s'il avait l'honneur d'être roi de France, il ne se tirerait pas un coup de canon en Europe sans sa permission, et moi je dis à mon tour, avec une parfaite conviction et la certitude de ne pas être démenti, que si les médecins étaient moins divisés entr'eux, s'ils savaient apprécier à sa juste valeur leur influence, aucun système religieux, social ou politique ne pourrait être adopté dans notre milieu sans recevoir la sanction de leurs sympathie.

Efforçons-nous donc, toute les fois que l'occasion s'en présente naturellement et sans chercher à la faire naître, de propager et d'affirmer les bons principes et les saines doctrines. Placés très près du peuple, par la nature même de notre sacerdoce, faisons lui bien comprendre en toute circonstance, lorsqu'il nous demande notre avis (ce qui arrive souvent), que la démagogie n'est pas la démocratie (1), que la paresse est plus qu'un vice, qu'elle est

____

(1) Voici une excellente définition du démagogue que nous donne Francis Wey dans son *Dictionnaire démocratique.*

« Le démagogue exagère les principes de la démocratie, *c'est un médecin dont les remèdes sont si violents qu'ils emportent le malade. Le malade c'est la Liberté.*

un crime de lèse société, que l'ivrognerie, si répandue à notre époque, tue à la fois l'âme et le corps; qu'il n'y a rien de commun entre la liberté et la licence, que l'égalité ne peut exister que devant la loi et les institutions sociales, enfin que cette fraternité dont on ne cesse de lui rebattre les oreilles, au milieu même d'une guerre civile désastreuse et impie, exige avant tout la croyance en Dieu que déclinent absolument à cette heure nos socialistes. *Caïn* dut commencer par devenir athée, puis il assassina son frère dont il était jaloux.

Vous le savez, mon cher Guardia, car je m'en suis expliqué avec vous dans l'intimité, ma religion est toute philosophique, elle ne me place que sous l'influence de mon cœur, et nullement sous celle des prêtres de quelque culte qu'ils relèvent, mais le respect que j'eus toujours pour la liberté de conscience, me force à flétrir la conduite que de prétendus républicains tiennent envers eux; avant tout, il faut être conséquent avec ses principes, et, on se montre indigne de la liberté lorsqu'on la viole à chaque instant dans les personnes et les choses, faisant ainsi la part belle à ses ennemis. Le gouvernement républicain, est, et ne peut être que celui des hommes vertueux, et nous sommes bien loin en ce moment de justifier par notre conduite ce beau titre.

Tels sont mes sentiments comme citoyen et comme médecin, selon mon habitude, je n'en fais pas petite bouche, et je voudrais les voir adopter par l'immense majorité de mes confrères, bien convaincu que sous leur influence, la médecine française reprendrait promptement dans la hiérarchie sociale, la place qui lui revient de droit et qu'elle a perdu par sa faute. Nous ne sommes au fond, mon cher ami, que des ouvriers de la pensée et de l'intelligence, montrons-nous donc les vrais amis, les conseillers dévoués et sincères de nos confrères de la pelle et de la pioche, et tout en pansant leurs plaies et en les soulageant de leurs misères, rappelons-leur les prescriptions de cette éternelle et universelle morale qui seule peut empêcher le mal sur la terre, et qu'ils sont trop enclins à oublier au milieu de leurs souffrances et de leurs labeurs.

Adieu, mon cher ami, je ne saurais vous quitter sans souhaiter encore une fois *coram populo* que le communisme parisien, qui nous donne chaque jour le spectacle de sa profonde immoralité, soit bientôt terrassé par la société qu'il outrage et solidement réenchaîné sur son pilori séculaire, aux pieds de l'athéïsme et du matérialisme, ses sinistres parents. *Milan*, vous le savez, eût jadis une colonne dite infâme qui ne consacrait, hélas ! que le souvenir d'une erreur judiciaire, fruit de l'ignorance et de la crédulité. Pourquoi Paris ne recourrait-il pas au même moyen pour vouer à l'exécration des siècles à venir les crimes si excentriques des ennemis de la France et de la civilisation ? Un tel monument n'aurait pas à redouter la rencontre d'un nouvel Alexandre Manzoni et pourrait être élevé avec avantage, selon moi, sur la place de la Roquette, entre la prison où les assassins dorment leur dernière nuit et le point de cette place où le bras de la justice humaine les frappe ; je vous soumets cette idée, mon cher Guardia, et je vous serre affectueusement la main.

Tout à vous.

Evariste Bertulus.

Marseille, le 19 Avril 1871.

Marseille.— Typ. et Lith. Barlatier-Feissat Père et Fils, rue Venture, 19.